# WURZEL GEMÜSE

**Klassisch und beliebt**

W0469655

LAURENCE SALOMON

# WURZEL GEMÜSE

## Klassisch und beliebt

Aus dem Französischen von Elisabeth Liebl

HANS-NIETSCH-VERLAG

# INHALT

## Knollensellerie, Petersilienwurzeln, Knollenkerbel und Pastinaken 37

## Weiße Rüben und Kohlrüben 49

# Einführung

Wurzel- und Knollengemüse sind während der kalten Jahreszeit eine köstliche Abwechslung auf unserem Speisezettel. Sie stellen die ideale Ernährung für die herbstlichen und winterlichen Kälteperioden (Yin) dar, wirken wärmend (Yang) und unterstützen physiologisch die Konzentration von Energie, die wir brauchen, wenn die Tage kürzer werden. Mit Hülsenfrüchten oder anderen Gemüsesorten kombiniert, bereichern sie unsere Nährstoffpalette ungemein. Die Vielfalt ihrer Farben, Texturen, Geschmacksvarianten und Kombinationsmöglichkeiten stimuliert all unsere Organe.

### Alte Gemüsesorten ...

Die heute bekannten Wurzel- und Knollengemüsesorten sind häufig die Nachkommen uralter Wildformen, die sich über Jahrtausende hinweg an den klimatischen Wandel angepasst haben. Man erntet sie gewöhnlich im Herbst, doch einige Sorten reifen erst im Frühjahr. Sie werden den ganzen Winter über verkauft und können gut gelagert werden. Der Großteil der Gemüsehändler bietet jedoch immer dieselben Sorten an. Ein Argument hört man da immer wieder: „Das verkauft sich nicht gut." Doch tatsächlich lassen sich die farbenfroheren, alten Sorten genauso leicht zubereiten wie ihre weitverbreiteten Genossen. Aber natürlich sind diese Sorten schwerer anzubauen und bringen weniger Ertrag. Daher findet man sie heutzutage nur noch selten.

### ... neu entdeckt

Viele leidenschaftliche Gemüsebauern, die ihre Erde lieben, widmen sich jedoch mit Freude dem „händischen" Anbau alter Gemüsesorten. Wie bunte Juwelen füllen alte Wurzelgemüsesorten mehr und mehr die Kisten und Regale auf Bauern- und Wochenmärkten. Sie beschenken uns mit ihren vielfältigen Formen und Varietäten. Diese neuen alten Gourmetprodukte finden schnell eine eingeschworene Käufergemeinde, die von ihrer Schönheit und Originalität begeistert ist.

### Seien Sie neugierig, bauen Sie selbst an!

Die Bio-GärtnerInnen unter Ihnen möchte ich anspornen: Seien Sie neugierig! Trauen Sie sich, eine dieser alten Sorten anzubauen! Und machen Sie einen ganz einfachen Test: Kinder sind ja bekanntlich meist nicht sonderlich begeistert, wenn sie Rote Bete oder Rettich essen sollen. Schneiden Sie vor ihren Augen eine geringelte „Tonda di Chioggia" auf oder einen karmesinroten „Green Meat"-Rettich mit weißem Rand. Im Normalfall wollen sie dann sofort probieren. Die leuchtenden Farben verfehlen ihre Wirkung nicht.

### Außergewöhnliche Rezepte mit Altbewährtem

Ich habe die folgenden Rezepte speziell ersonnen, um Sie auf Entdeckungsreise ins Land dieser farbenfrohen, alten Gemüsesorten zu schicken.

Mir ist durchaus bewusst, dass man manche dieser Zutaten übers Internet besorgen muss. Oder für die GärtnerInnen unter Ihnen beim Samenhändler. Und einige der in den Rezepten verwendeten Wurzelgemüsesorten lassen sich auch ersetzen: Wenn Sie beispielsweise keinen Knollenkerbel finden können, nehmen Sie einfach Pastinaken. Denn Rezepte sind letztendlich dafür da, dass Sie kreativ werden!

Um besonders leckere, gesunde und aromatische Speisen zuzubereiten, sollten Sie alle Zutaten frisch, saisonal, aus regionalem Anbau und in Bio-Qualität einkaufen!

**Alle Rezepte in diesem Buch sind für 4 Personen berechnet.**

# Diamantschnitt

Der Diamantschnitt passt hervorragend zu der zumeist gekrümmten Form unserer Wurzelgemüse und sorgt für mehr Bissfestigkeit. Nehmen Sie das Gemüsestück der Länge nach. Schneiden Sie vorn eine Spitze. Dann drehen Sie das Schnittstück um seine eigene Achse und schneiden immer wieder auf diese Spitze zu, so als würden sie einen Bleistift spitzen (siehe Foto unten links).

# Spiralschnitt

Mit einem Spiralschneider können Sie Gemüse der Faserrichtung nach schneiden. Dabei erhalten Sie entweder Spiralen oder feine Spaghetti. Besonders geeignet ist sie für die zylinderförmigen Chantenay-Karotten oder (wie auf dem Foto unten rechts) für schwarze Winterrettiche.

Diamantschnitt

Spiralschnitt

Ein Rezept für alle

# SUPPE VON WURZELGEMÜSEN

## mit roten Bohnen und Gerstengraupen

**Rote Bohnen**

*200 g Kidneybohnen*
*4 Schalotten*
*2 EL Olivenöl*
*3 Prisen Ceylon-Curry*
*grobes Meersalz (Gros Sel de Guérande) zum Abschmecken*
*2 Zweiglein Rosmarin*
*1 TL Gerstenmiso*
*2 TL Kuzu (japanisches Stärkemehl)*

**Graupen**

*100 g Gerstengraupen*
*1 Prise Salz*

**Suppe**

*je 1 Stück einer alten Wurzelgemüseart: (z. B. ½ Steckrübe, ¼ Knollensellerie, 1 grüner Rettich, 1 rotfleischiger Rettich, 1 violette Karotte, 1 Speiserübe „Boule d'or" ...)*
*2 Lorbeerblätter*
*1–2 Prisen Salz*

1 **Rote Bohnen** Am Vorabend die Kidneybohnen einweichen. Am nächsten Tag Schalotten schälen, fein hacken und im Olivenöl anschwitzen. Zwiebeln mit Curry und grobkörnigem Salz bestreuen. Die abgegossenen Bohnen in den Topf geben. Mit dem Eineinhalbfachen ihres Volumens an Wasser aufgießen und bei halb geschlossenem Deckel auf kleiner Flamme 45 Minuten garen. Am Ende der Garzeit den Rosmarin dazugeben und mit Miso sowie Kuzu (zuvor in wenig kaltem Wasser aufgelöst) binden.

2 **Graupen** Gerstengraupen am Vorabend einweichen. Am nächsten Tag waschen, um die Graupen von der Stärke zu befreien. In einen großen Topf mit kaltem Wasser geben, das Salz sowie die Graupen hinzufügen und 40 Minuten auf kleiner Flamme garen. Abgießen und beiseitestellen.

3 **Suppe** Gemüsestücke im Diamantschnitt zerteilen (siehe linke Seite). In einen Topf geben. Mit dem Eineinhalbfachen ihres Volumens an kaltem Wasser aufgießen. Lorbeerblätter und Salz hinzufügen. Etwa 25 Minuten im geschlossenen Topf auf kleiner Flamme köcheln lassen. Sie sollten am Ende der Garzeit noch Biss haben.

# TROCKNEN

1 Putzen Sie das Gemüse mit einer Gemüsebürste und schneiden Sie es mit einem guten Gemüsehobel in dünne Scheiben. Lassen Sie es im Dörrautomaten bei 45 °C etwa 10 Stunden trocknen. In einem luftdicht verschließbaren Behälter aufbewahren. Ich verwende Gemüsechips gerne, um anderen Rezepten mit ihrer knusprigen Textur etwas mehr Pep zu verleihen. Aber natürlich sind sie auch ganz ohne Beiwerk ein optisch ansprechender Hochgenuss.

2 Wenn Sie keinen Dörrautomaten besitzen, trocknen Sie das Gemüse am besten im Backofen. Schneiden Sie es dafür mit einem Gemüsehobel in etwas dickere Scheiben. Legen Sie diese auf einen mit Backpapier belegten Grillrost, sodass sie einander nicht überlappen. Mit Öl beträufeln und mit etwas Salz bestreuen. Einen zweiten Grillrost darüberlegen. Bei 60 °C etwa 8 Stunden trocknen lassen. In einer luftdicht verschlossenen Dose aufbewahren.

# EINLEGEN

1 Diese leckeren Pickles lassen sich ganz einfach zubereiten: Die Wurzeln und Knollen werden gesäubert und in zwei bis drei Teile geschnitten. (Ist die Haut zu dick, müssen sie vorher geschält werden.) Dann werden sie abwechselnd mit grobkörnigem Salz in einen Steinguttopf geschichtet: jeweils eine Schicht Gemüse und eine Schicht Salz, bis der Topf voll ist.

2 Zum Abschluss kommt noch mal 1 Schicht Salz darüber. Mit einem sauberen Tuch bedecken und ein Gewicht daraufgeben. Anschließend das Ganze 2 Monate lang ziehen lassen. Das Salz bildet mit dem Saft des Gemüses eine schmackhafte, milchsaure Lake, die das Gemüse vitaminreich und frisch hält.

3 Sind Ihnen die Pickles zu salzig geraten, können Sie sie vor dem Servieren einfach einige Zeit in kaltes Wasser legen. Tauschen Sie das Wasser zweimal aus. Beträufeln Sie das Gemüse anschließend mit etwas Essig, dann bleibt es noch einige Tage frisch.

4 Verwenden Sie die Pickles zum Kochen, z. B. für ein Gemüsegericht, lassen Sie aber das Salz weg. Wer auf seinen Salzkonsum achten möchte, sollte diese Pickles nur in kleinen Mengen verzehren.

1

2

3

4

# BETEN

## Wissenswertes

Die Bete (*Beta vulgaris*; im Süden Deutschlands, Österreich und der Schweiz auch als „Rande" oder „Rahner" bezeichnet) gehört zur Familie der Fuchsschwanzgewächse – wie der Spinat, der Mangold, die Quinoa und die Gartenmelde. Ich verarbeite Beten gern mit einer dieser Gemüsesorten, um dieses zarte Band zu unterstreichen.

Bei der Bete ist ein tragischer Verfall der Sortenvielfalt zu beklagen, denn heute bekommt man fast nur noch die gewöhnliche Rote Bete zu kaufen. Dabei gibt es geschmacklich und optisch attraktive Varianten.

Die Bete liefert viel Vitamin A, Kalium, Vitamin C, Folsäure und eine ganze Reihe von Antioxidantien. Tatsächlich gehört sie zu den zehn Gemüsesorten mit dem höchsten antioxidativen Potenzial. Ihre gesundheitsfördernden Stoffe finden sich aber auch in den grünen Blättern, die man wie die Rübe roh oder gekocht verzehren kann. Die Rote Bete enthält viel Betanin, dem sie ihre attraktive karmesinrote Farbe verdankt. Da sie zudem reich an Oxalsäure ist, rate ich Ihnen vom rohen Verzehr ab, wenn Sie zu Nierensteinbildung neigen.

Doch probieren Sie auch andere Sorten: Gelbe Bete steckt ebenfalls voller Nährstoffe und bringt Sonne auf den Tisch. Weiße Bete und „Tonda di Chioggia“ mit ihren geringelten Mustern sind echte Hingucker. Auch Rote-Bete-Sprossen sind eine köstliche Bereicherung vieler Bete-Gerichte, da ihre krispe Frische einen interessanten Kontrast zu der sämig weichen Textur der gegarten Bete bildet.

### 1 Gelbe Bete

Die sehr alte Sorte „Golden“ wurde um 1800 in den Vereinigten Staaten eingeführt. Die Gelbe Bete, deren Schale in kräftigem Orange erstrahlt, schmeckt süßlicher und erdiger als ihre rote Verwandte. Ich esse sie gern roh, weil sie dabei ihre wunderbare Farbe behält. Außer der „Golden“ gibt es noch die „Boldor“ und die „Burpees Golden“.

### 2 Rote Bete „Forono“

Diese relativ junge Züchtung hat lange, rubinrote Wurzeln, die nur zur Hälfte in der Erde stecken. Die „Forono“ ist zylinderförmig und hat einen süßlichen Geschmack. Sie ist gegart ausgesprochen cremig und ist selbst fürs Dessert geeignet.

### 3 Rot-weiße Bete „Crapaudine“

Die „Crapaudine“ ist länglich und hat eine runzlige, dicke Haut, die an Baumrinde erinnert. Roh ist ihr langfaseriges Fleisch weniger knackig und süß als das moderner Bete-Züchtungen. Gekocht ist ihr Fleisch nicht allzu süßlich und überrascht durch Aromen von Nuss und Rose. Ich bevorzuge „Crapaudine“ gekocht, weil ihr Fleisch dann weich ist, aber dennoch bissfest bleibt. Sie harmoniert hervorragend mit Spinat und Orangen.

### 4 Weiße Bete

Weiße Bete gehört zu den süßesten aller Bete-Arten. Da die runden Wurzeln von zarter Textur sind, lässt sie sich hervorragend zu Süßspeisen verarbeiten. Im Rezeptteil werde ich Ihnen dieses erstaunliche Gemüse in einer Variation mit Nuss und Vanille vorstellen. Doch die Weiße Bete schmeckt auch roh sehr gut, vor allem, weil sie dank ihrer blütenweißen Farbe auch optisch beeindrucken kann. Die häufigste Sorte ist „Albina Vereduna“.

### 5 Rot-weiße Bete „Tonda di Chioggia“

Diese rot-weiß geringelte Schönheit stammt ursprünglich aus Italien. Ihr Name bedeutet „Runde aus Chioggia“. Sie gehört zu den frühen Beten. Von außen könnte man sie fast mit der Gelben Bete verwechseln. Umso überraschender ist es, wenn man beim Aufschneiden ihre Ringelmuster entdeckt, die beim Kochen allerdings zu einem leicht rosa gefärbten Beige verbleichen. Ihr mildes Fleisch schmeckt deutlich weniger erdig als das der Roten Bete. Ich empfehle Ihnen den Verzehr als Rohkost: Schneiden Sie die rot-weiße Bete mit dem Gemüsehobel in dünne Scheiben oder machen Sie mit dem Spiralschneider breite Streifen daraus.

# ROTE BETE IM SALZMANTEL

## mit rotem Szechuanpfeffer und karamellisierten Zitrusfrüchten

*4 kleine Rote-Bete-Rüben (am besten „Forono")*

**Aromatische Salzkruste**

*2 kg grobes Meersalz (Gros Sel de Guérande)*
*1 Vanilleschote*
*nepalesischer (roter) Szechuanpfeffer*
*10 Tropfen Orangenöl*
*200 ml Wasser*

**Karamellisierte Zitrusfrüchte**

*1 Orange*
*1 Grapefruit*
*1 Limette*
*70 g Zucker*
*2 Anissterne*
*1 Zimtstange*

1 **Salzkruste** Die Vanilleschote der Länge nach halbieren und in 2 Zentimeter lange Stücke zerteilen. Diese unter das Meersalz mischen. Szechuanpfeffer, Orangenöl und Wasser dazugeben. Mehrfach gut umrühren. Die Rote-Bete-Rüben waschen und abtrocknen. Ein Drittel der Salzmasse auf eine flache, feuerfeste Platte geben. Die Beten daraufsetzen und mit dem restlichen Salz bedecken. In den auf 250 °C vorgeheizten Ofen schieben und 45 Minuten backen. Anschließend 30 Minuten abkühlen lassen.

2 **Karamellisierte Zitrusfrüchte** Die Zitrusfrüchte von Schale und weißen Häuten befreien und in Filets zerteilen. Den Saft auffangen. Zucker in einen flachen Topf geben und den Saft hinzufügen. Einige Minuten auf kleiner Flamme köcheln lassen, um die Flüssigkeit zu reduzieren. Wenn der Zucker beginnt, Farbe anzunehmen, die Filets dazugeben. Sternanis und Zimtstange hinzufügen und weitere 10 Minuten köcheln lassen, dabei häufig umrühren. In ein bereitgestelltes Gefäß abgießen.

3 **Servieren** Die Bete im Salzmantel in die Mitte der Tafel stellen. Vor den Gästen die Salzkruste aufbrechen. Das Gemüse herausholen, schälen und auf die Teller setzen. Mit den karamellisierten Zitrusfrüchten übergossen servieren.

# WEISSE BETE IN NUSSIGER BRIOCHE

## mit Zitronen-Bete-Sauce

**Weiße Bete**
*1 Weiße Bete (etwa 300 g; oder Gelbe Bete)*
*10 g geklärte Butter*
*3 Prisen Vanillepulver*
*je 1 EL Ahornsirup und weißer Balsamico*

**Brioches**
*250 g Weizenmehl Type 1050*
*50 g Walnüsse, grob gemahlen*
*1 Tütchen Trockenhefe und 2 Bio-Eier*
*2 EL Öl von gerösteten Walnüssen*
*je 1 EL Ahornsirup und Ziegenmilchjoghurt*
*abgeriebene Schale von 1 Bio-Zitrone*
*1 Eigelb (von einem Bio-Ei)*

**Zitronen-Bete-Sauce**
*2 Gelbe-Bete-Rüben*
*1 Zitrone*
*2 EL Ahornsirup*

**Zum Anrichten**
*500 g schnittfester Ziegenfrischkäse, natur*
*Vanillepulver (Menge nach Bedarf)*
*etwa 12 ungeschälte Walnüsse*

1 **Weiße Bete** Das Gemüse waschen, 45 Minuten lang garen, schälen und vierteln. Die Stücke mit geklärter Butter, Vanillepulver und Ahornsirup auf kleiner Flamme zu Confit einkochen. Mit weißem Balsamico ablöschen. Beiseitestellen.

2 **Brioches** Mehl, Walnüsse und Hefe in eine Schüssel geben. Eine Vertiefung hineindrücken und die beiden Eier hineinschlagen. Öl, Ahornsirup, Joghurt und Zitronenschale dazugeben. Mit den Händen 10 Minuten lang verkneten. Mit einem Tuch bedeckt an einem warmen Ort etwa 2 Stunden gehen lassen. Dann den Teig erneut 5 Minuten lang durchkneten und in vier gleiche Teile aufteilen. Jedes Stück etwa 1 Zentimeter dick rund ausrollen, je ein Viertel der konfierten Weißen Bete daraufgeben und den Teig rundherum nach oben ziehen. Die Ränder oben zusammendrücken, sodass eine kleine Tasche entsteht. Diese auf ein Backblech geben und erneut mindestens 1 Stunde gehen lassen. Das Eigelb mit wenig Wasser aufschlagen und die Brioches damit bestreichen. Im Backofen bei 175 °C etwa 25 Minuten backen (mit Umluft bei 150 °C).

3 **Sauce** Gelbe Beten schälen und vierteln. Die Zitrone von Schale und weißen Häuten befreien. Mit den Betestücken im Mixer pürieren und mit Ahornsirup abschmecken.

4 **Servieren** Die noch lauwarmen Brioches in der Mitte aufschneiden. Etwas Frischkäse dazugeben und diesen mit Vanillepulver bestreuen. Die Sauce in kleinen Schälchen dazu reichen. Die Walnüsse mit Nussknacker auf den Tisch stellen.

# SPINATTARTE MIT ROTER BETE,

## Frischkäse und Salzorangen

**Tarte-Teig**
*100 g Roggenmehl Type 815*
*70 g Maismehl*
*¼ TL Ajowan oder getrockneter Thymian*
*1 Prise feines Meersalz*
*4 EL Olivenöl*
*etwas Wasser (nach Bedarf)*

**Füllung**
*300 g Rote-Bete-Rüben (oder 2 „Crapaudines")*
*500 g Spinatblätter*
*¾ einer eingelegten Salzorange, fein gehackt*
*400 g schnittfester Ziegenfrischkäse, natur*
*3 Bio-Eier*

**Zum Anrichten**
*Rote-Bete-Streifen (breite; Spiralschneider)*
*etwas Walnussöl und Sherryessig*
*ganze Walnusskerne*

1 **Teig** Alle trockenen Zutaten in eine Schüssel geben. Das Olivenöl und anschließend nur so viel Wasser dazugeben, dass ein Teig entsteht. Diesen zu einer Kugel formen und ruhen lassen.

2 **Füllung** Die Bete waschen und 30 Minuten in Salzwasser garen. Die Spinatblätter putzen und waschen. Kurz abtropfen lassen und 10 Minuten auf kleiner Flamme mit Deckel dünsten. Regelmäßig umrühren. Dann die Bete schälen und in 2 Millimeter dicke Scheiben schneiden. Spinatblätter abgießen, grob schneiden und mit dem Frischkäse vermengen. Die Eier verquirlen und unterziehen. Salzorangenstücke einarbeiten.

Den Teig rund ausrollen, in die Form legen und am Rand überstehen lassen. Die Betescheiben darauf auslegen und die Spinat-Frischkäse-Mischung darüber verstreichen. Die Teigränder nach innen über die Füllung klappen und das Ganze bei 180 °C etwa 30 Minuten auf der untersten Schiene garen.

3 **Servieren** Je ein Viertel Tarte auf einen Teller geben. Mit Betestreifen garnieren. Diese mit Walnussöl und Sherryessig würzen. Walnusskerne darüberstreuen.

### DAS GRUNDREZEPT

## Salzorangen, hausgemacht

*2 Bio-Orangen*
*grobes Meersalz*

Die Orangen waschen und halbieren. Jede Hälfte vierteln und anschließend noch einmal halbieren. Mit dem Salz abwechselnd in einen Steinguttopf schichten. Mit Salz beginnen, dann Orangenstücke (flach drücken) und eine Schicht Salz … Mit Salz abschließen. Die Salzorangen 1 Woche lang an einem kühlen Ort aufbewahren. Das Salz können Sie zum Abschmecken anderer Gerichte verwenden.

# CARPACCIO VON ZWEIERLEI BETEN

## mit Grapefruit, Schalotten-Confit und Hanfsalz sowie einer Rote-Bete-Kardamom-Velouté

**Carpaccio**

*4 Schalotten*
*1 EL Ume Su (Umeboshi-Würzsauce)*
*4 EL Hanföl*
*je 1 Rote Bete (am besten „Tonda di Chioggia") und Gelbe Bete*
*1 kleine rosarote Grapefruit*

**Hanfsalz à la Gomasio**

*2 EL Hanfsamen*
*½ TL feines Meersalz*

**Rote-Bete-Kardamom-Velouté**

*2 Rote-Bete-Rüben (am besten „Crapaudine")*
*2 Schalotten*
*1 Fenchel*
*1 kleine rosarote Grapefruit*
*5 Kardamomkörner*
*Meersalz (Menge nach Bedarf)*

1 **Carpaccio** Schalotten in der Schale garen: In eine kleine Terrine legen und im Ofen bedeckt bei 180 °C etwa 20 Minuten backen. Aus dem Ofen nehmen und mit Deckel 10 Minuten abkühlen lassen. Erst danach aus der Terrine nehmen. Schälen und in eine Schüssel geben. Mit Ume Su und Hanföl marinieren.

Die Beten schälen und mit dem Gemüsehobel in etwa 1 Millimeter dicke Scheiben schneiden. Die Grapefruit von Schale sowie weißer Haut befreien und die Filets herausschälen.

2 **Hanfsalz** In einer Pfanne Hanfsamen und Meersalz auf kleiner Flamme rösten. In einem Mörser zerdrücken.

3 **Velouté** Beten und Schalotten schälen. Die Beten in kleine Würfel schneiden, die Schalotten der Länge nach in feine Streifen. Auch den Fenchel fein schneiden. Die Grapefruit von Schale und weißer Haut befreien und die Filets herausschälen. Alle Zutaten in einen Schmortopf geben. Kardamomkörner hinzufügen und aufgießen, bis das Wasser etwa 3 Zentimeter über dem Gemüse steht. Salzen und mit Deckel zum Kochen bringen. Mit halb aufgelegtem Deckel etwa 20 Minuten lang köcheln lassen. Das weiche Gemüse im Mixer pürieren.

4 **Servieren** Die Betescheiben jeweils dekorativ auf dem Teller anrichten. Mit Grapefruitfilets belegen. Auf jeden Teller 1 konfierte Schalotte geben und mit dem Hanfsalz bestreuen. Das Bete-Carpaccio mit etwas Grapefruitsaft abschmecken. Die Velouté separat dazu reichen.

## Hätten Sie's gewusst?

**Umeboshi** sind in Salz eingelegte japanische Aprikosen (Salzpflaumen). Der Saft, der sich dabei bildet, ist das sogenannte Ume Su – auch „Ume-Essig" genannt, obwohl es sich dabei eigentlich nicht um Essig handelt. Ich verwende sowohl Umeboshi als auch Ume Su häufig für meine Gerichte.

# GELBE-BETE-TÖRTCHEN

## mit Nüssen, Feigen und Korinthen zu Zwiebel-Confit auf Toast

**Feigenessig**

*300 g Trockenfeigen, in dünne Scheiben geschnitten*
*500 ml Cidre-Essig, nicht pasteurisiert*

**Bete-Törtchen**

*300 g Gelbe Bete (oder eine andere Sorte)*
*25 g ganze Walnusskerne*
*20 g Korinthen*
*3 EL Walnussöl*
*2 EL Feigenessig oder Sherryessig*
*2 frische Feigen*
*Salz zum Abschmecken (bei Bedarf)*

**Zwiebel-Confit**

*3 rote Zwiebeln*
*2 Prisen Salz*
*2 EL Olivenöl*
*2 EL Feigenessig*
*100 ml Rotwein*
*40 g heller Rohrzucker*
*1 Zimtstange*

**Zum Anrichten**

*frischer Schnittlauch, grob geschnitten*
*4 Scheiben Vollkorntoastbrot*

1 **Feigenessig** Den Cidre-Essig in eine Glasschüssel gießen und die Feigenscheiben hineingeben. Anschließend abgedeckt 15 Tage lang bei Raumtemperatur ziehen lassen. Durch ein sauberes Tuch abgießen und den Essig in einer Flasche aufbewahren.

2 **Bete-Törtchen** Die Bete schälen und fein raspeln. Die Walnusskerne in der Pfanne leicht anrösten, grob hacken und unter die Beteraspel ziehen. Die Korinthen dazugeben. Öl und Essig hinzufügen, falls nötig mit etwas Salz abschmecken. Die frischen Feigen der Länge nach in Achtel zerteilen.

3 **Zwiebel-Confit** Die Zwiebeln schälen und fein schneiden. Mit dem Salz in Olivenöl anschwitzen und mit Feigenessig ablöschen. Rotwein, Zucker und Zimtstange dazugeben. Etwa 30 Minuten auf kleiner Flamme einkochen lassen, bis die Flüssigkeit fast vollständig verdampft ist. Das Confit in ein Marmeladenglas füllen und sofort verschließen.

4 **Servieren** Jeweils einen zylindrischen Dessertring mit etwa 10 Zentimetern Durchmesser auf den Teller setzen. Mit einem Achtel der Betemasse füllen. Je zwei Feigenachtel daraufgeben, leicht andrücken und den Ring mit Betemasse auffüllen. Den Ring abziehen und das Törtchen mit Schnittlauch bestreuen. Dazu Vollkorntoast mit 1 Esslöffel Zwiebel-Confit reichen.

1

2

3

4

# KAROTTEN

## Wissenswertes

Die Karotte (*Daucus carota*) gehört wie Sellerie, Kerbel, Koriander, Basilikum, Liebstöckel, Fenchel oder Pastinake zu den Doldenblütlern. Offensichtlich verzehrt der Mensch schon seit Urzeiten Karotten. Lange Zeit stellte ihre Wildform eines der wichtigsten Nahrungsmittel unserer Vorfahren dar. Durch ihren hohen Gehalt an Carotin (das sich in Vitamin A umwandeln kann, welches für unsere Augen so wichtig ist) verbesserte sie den Gesichtssinn des Menschen. Sie wurde jedoch meist nicht wegen ihres Geschmacks geschätzt. Dazu muss man wissen, dass die Karotte bis in die späte Renaissance hinein eine gelbliche, holzige Wurzel war – nicht zu vergleichen mit dem Gemüse, das wir heute kennen. Die Selektion der Karotte hin zu zunehmend orangefarbenen Sorten fand erst gegen Ende des 18. Jahrhunderts statt.

*Daucus carota* umfasst heute gut 60 bekannte Arten. Um 1100 n. Chr. wurden in Spanien gelbe und violette Karotten angebaut, die die Araber aus Syrien und dem Iran eingeführt hatten. Ab 1500 n. Chr. verbreiteten sich die weißen, gelben und violetten Karotten schließlich in ganz Europa. In den letzten Jahrhunderten sind zahllose neue Sorten entstanden, deren Farbenvielfalt erstaunlich ist: Es gibt sie in Rot, Violett, Weiß, Schwarz,

Gelb und Orange. Auch die Form kann stark variieren, von länglich bis kurz und rund.

Doch ein Blick auf die Gemüseregale unserer Tage zeigt, dass hier die Vielfalt geschwunden ist. Die moderne Standardisierungswut hat die Karotte zu stets gleich großen und orangefarbenen Wurzeln reduziert, die sich gut lagern lassen. Diese genetische Reduktion ist bedauerlich, denn die alten Karottensorten waren perfekt an das Klima der Region angepasst, in der sie wuchsen. Um das genetische Erbe einer Region zu erhalten, muss das Saatgut von den Gemüsehändlern selbst gesammelt werden. Dazu sind „Mutterpflanzen" erforderlich, die sortenechtes und virenfreies Saatgut liefern. Doch aus Zeit- und Kostengründen wird heute in der Regel darauf verzichtet.

Karotten enthalten je nach Farbe unterschiedliche Nährstoffe oder sekundäre Pflanzenstoffe. Violette oder braune Karotten enthalten doppelt so viel Beta-Carotin und Vitamin C wie die orangefarbenen Sorten. In den weißen und gelben Karotten findet sich davon fast nichts. Hier zeigt sich einmal mehr, wie sinnvoll es ist, bunt zu essen! Carotine sind Antioxidantien, die vor Herz-Kreislauf-Erkrankungen und bestimmten Krebsformen schützen können. Außerdem unterstützen sie die Haut beim Sonnenschutz und fördern somit die Bräunung. Doch Karotten sind auch wegen ihres hohen Ballast- und Mineralstoffgehalts ein wertvolles Gemüse. Die Karotte schmeckt zwar süß, enthält aber – anders als die meisten Menschen meinen – nur wenig Kohlenhydrate, insgesamt nur etwa 7 Prozent. Daher halte ich Diäten, die den Verzehr von Karotten ausschließen, schlichtweg für unsinnig. Ihr hoher Nährstoffgehalt unterstützt die natürlichen Funktionen unseres Körpers, und das sollten wir nützen. Wenn im Frühjahr die ersten jungen Karotten auf den Markt kommen, können wir auch das frische Grün zum Würzen unserer Salate, Tartes und Eintöpfe verwenden.

### 1 Pariser Karotte

Die Pariser oder Grelot-Karotte ist eine kurze, knackige und zudem aromatische Karotte. Kleinere Exemplare können ganz verarbeitet werden, die größeren sollten Sie jedoch hobeln. Sie lassen sich auch gut zu Gemüsechips verarbeiten. Wahlweise können Sie auch Duwicker-Karotten oder „Guérande" verwenden, bei denen es sich ebenfalls um alte, hoch aromatische Kultursorten handelt.

### 2 Yellowstone (gelbe Karotte)

Die gelbe Doubs-Karotte und auch die „Yellowstone" sind intensiv gelb. In Frankreich wird die Doubs allerdings „nur zum Verfüttern an Tiere" empfohlen und daher kaum noch als Lebensmittel verkauft. Dabei ist sie sehr viel aromatischer als die Yellowstone. Saatgut von der „Doubs" ist im Internet (siehe „Bezugsquellen", Seite 62) jedoch leicht zu finden. Gelbe Karotten schmecken aromatisch-süß und ihre attraktive gelbe Farbe lässt sie zu einem echten Hingucker in jeder Form von Salat werden.

### 3 White Satin (weiße Karotte)

Weiße Karotten gehörten ursprünglich zu den ältesten Karottenarten, auch wenn die White Satin erst kürzlich auf den Markt gekommen ist. Ich verwende sie gern für Desserts, da sie ein sehr subtiles Aroma hat. Sie ist nicht reinweiß, sondern hat eine sehr zarte blassgelbe Einfärbung – wie im Übrigen auch die weiße Küttinger, die zu den besten alten Sorten zählt.

### 4 Chantenay-Karotte

Dabei handelt es sich um eine große, rotfleischige Karotte mit stumpfer Spitze, die eine gute Alternative zu den üblichen zylinderförmigen Durchschnittssorten darstellt. Sie hat ein saftiges sowie außergewöhnlich zartes Herz, galt jedoch lange Zeit als zu rustikal. Dank ihrer ausgezeichneten Lagerungsfähigkeit wurde sie aber wieder zu einer beliebten Sorte.

### 5 Purple Haze (violette Karotte)

„Purple Haze" ist eine großartige Karotte, die einfach jeden Rohkostteller aufpeppt, ob in Scheiben geschnitten oder mit dem Spiralschneider zu langen Streifen verarbeitet. Schälen Sie sie nicht, denn die Antioxidantien sind vor allem in der Schale reichlich enthalten. Diese Stoffe sind übrigens wasserlöslich, daher sollten Sie Möhren nicht kochen, sondern höchstens im Dampf garen. Eine der alten violetten Sorten ist die Gniff. Auch von diesen Sorten finden Sie heute im Internet problemlos Saatgut (siehe „Bezugsquellen", Seite 62).

# WIRSINGRÖLLCHEN MIT KAROTTEN,

## Camargue-Reis und Cranberrys zu einer weißen Misosuppe mit Karotten und Dulse-Algen

**Wirsingröllchen**
*150 g roter Reis aus der Camargue*
*1 Wirsingkohl*
*400 g Karotten (violett)*
*30 g Cranberrys*
*¼ TL Kümmel*
*1 EL Haselnussöl*
*1 Bio-Ei*
*2 EL Tamari (Sojasauce)*

**Haselnusscreme**
*1 EL Haselnussmus*
*1 EL Wirsingsud*
*2 EL Cranberrysaft*

**Geröstete Haselnusssplitter**
*100 g Haselnüsse*

**Karottenspaghetti**
*1 große Karotte (violett)*

**Misosuppe**
*200 g Karotten (weiß)*
*1 EL Olivenöl*
*1 Prise Meersalz*
*600 ml Wasser*
*je 50 g Dulse-Algen, frisch, und weißes Miso*
*1 EL Mirin (Reiswein)*
*½ Bund Estragon*

1 **Wirsingröllchen** Das Dreifache der Reismenge an Wasser aufkochen. Den Camargue-Reis in das kochende Wasser geben, salzen und etwa 30 Minuten köcheln lassen. Anschließend abgießen. Den Wirsingkopf zerteilen. 4 schöne Blätter auswählen und diese einzeln in einem großen Topf etwa 3 Minuten in Salzwasser blanchieren. Die Blätter sofort in kaltes Wasser tauchen, um die Farbe zu erhalten. Trocken tupfen. Den Sud beiseitestellen. Die Karotten schälen, grob raspeln und 5 Minuten dampfgaren, sodass sie noch Biss haben. Reis, Karottenraspel, Cranberrys, Kümmel und Haselnussöl in einer Schüssel vermengen. Das verquirlte Ei dazugeben und nach Bedarf salzen.

Für die Röllchen an den Rand der 4 Wirsingblätter jeweils auf einer Seite 2 bis 3 Esslöffel Reisfüllung setzen. Die Blätter zusammenrollen, dabei die seitlichen Ränder einschlagen. Die restlichen Blätter sind als Ersatz gedacht, falls eines reißt oder noch Füllung übrig ist. Die fertigen Röllchen in eine Auflaufform setzen. Mit etwas Wasser und Tamari aufgießen und im Backofen bei 160 °C etwa 15 Minuten garen.

2 **Haselnusscreme** Haselnussmus mit Cranberrysaft und Garsud verrühren.

3 **Haselnusssplitter** Die Haselnüsse grob hacken und im Backofen 15 Minuten bei 150 °C rösten.

**4 Karottenspaghetti** Die Karotte kurz abbürsten und putzen. Dann mit dem Spiralschneider zu dünnen Spaghetti verarbeiten.

**5 Misosuppe** Die Karotten schälen und im Diamantschnitt (siehe Seite 8) zerteilen. Mit Olivenöl und etwas Meersalz auf niedriger Flamme etwa 15 Minuten schmoren lassen, häufig umrühren. Mit dem Wasser aufgießen, gewaschene Dulse-Algen und Miso dazugeben, mit Mirin abschmecken und 3 Minuten weiterköcheln lassen.

**6 Servieren** Auf jedem Teller ein Wirsingröllchen anrichten, daneben die Karottenspaghetti. Beides mit Nusscreme beträufeln und mit Haselnusssplittern bestreuen. Die Misosuppe in einem Schälchen extra dazu reichen und mit Estragonblättern bestreuen.

### Hätten Sie's gewusst?

**Weißes Miso (Shiro Miso)** aus Reis und Soja kann – anders als reines Sojamiso (Hatcho) oder Gerstenmiso (Mugi Miso), die beim Kochen Nährstoffe verlieren und daher nicht gekocht werden sollten – ruhig bis zu 3 Minuten leise köcheln. Dadurch entfaltet es sein volles Aroma.

**Mirin** ist ein sherryartiger süßer Reiswein, der in Japan gern zum Kochen verwendet wird. Sein Alkoholgehalt ist gering. Mirin dient in erster Linie als Würzsauce, z. B. für die berühmten Teriyaki-Zubereitungen, bei denen Gemüse oder Fleisch bzw. Fisch in eine Marinade aus Sojasauce, Sake und Mirin eingelegt werden.

# TOFU-MILLEFEUILLE MIT KAROTTEN,

## Datteln und Kurkuma, dazu Dinkel-Couscous mit Kichererbsen und Mandel-Kurkuma-Hummus

**Millefeuille**

*400 g Karotten („Chantenay")*
*500 g Tofu, natur*
*4 Medjoul-Datteln*
*je 2 EL Tamari (Sojasauce) und Olivenöl*
*8 Prisen Kurkumapulver*
*etwas weißer Penja-Pfeffer*

**Dinkel-Couscous**

*500 g Kichererbsen (⅓ werden für den Couscous verwendet, ⅔ für den Hummus)*
*200 g Dinkel-Couscous*
*1–2 Prisen Salz*
*300 ml kochendes Wasser*
*1 TL gekörnte Gemüsebrühe*

**Mandel-Kurkuma-Hummus**

*⅔ der Kichererbsen, gekocht*
*1 EL Mandelmus*
*2 Knoblauchzehen*
*Saft von 1 Zitrone*
*½ cm frische Kurkumawurzel, geschält, oder 2 Prisen Kurkumapulver*
*3 EL Olivenöl*
*Kichererbsensud*
*Salz zum Abschmecken*

**Mandel-Minz-Sauce**

*40 g Mandeln*
*1 kleiner Bund Minze*
*3 EL Olivenöl*
*Saft von ½ Zitrone*
*2 EL Shoyu (Sojasauce mit Weizen)*

1 **Millefeuille** Die Karotten schälen und mit dem Spiralschneider in Spaghettiform bringen. Dann 4 Dessertringe in den Locheinsatz eines Dampfgarers stellen. Die Spaghetti darin verteilen. Leicht andrücken und etwa 10 Minuten im Dampf weich garen. In den Dessertringen abkühlen lassen. Aus dem Tofuziegel mit einem Dessertring in der gleichen Größe 2 zylindrische Stücke ausstechen. Mit einem scharfen Messer jedes Tofustück in 6 Scheiben von etwa 2 Millimeter Dicke schneiden. Die Datteln waschen, entkernen und halbieren. Dann die Hälften vierteln. Anschließend 4 Dessertringe auf ein Backblech stellen und jeweils mit 1 Tofuscheibe auslegen. Diese mit ein paar Tropfen Tamari würzen, dann die Hälfte der Karottenspaghetti darauf verteilen. Jeweils 4 Dattelstücke daraufsetzen. Mit Kurkuma sowie Pfeffer bestreuen und jeweils mit 1 Scheibe Tofu abdecken. Wieder mit ein paar Tropfen Tamari würzen. Den Rest der Karottenspaghetti auf den Tofuscheiben verteilen. Erneut in jede Form 4 Dattelstückchen geben. Auf diese die letzte Scheibe Tofu legen. Tofu mit Kurkuma bestreuen und mit Olivenöl bestreichen.

2 **Dinkel-Couscous** Die Kichererbsen 10 Stunden einweichen. Abspülen und ungefähr 1½ Stunden garen. Salzen. Ein Drittel der Kichererbsen mit einem Schaumlöffel aus dem Wasser nehmen, die restlichen im Kochwasser belassen. Couscous in einem Topf mit dem kochenden Wasser (die Gemüsebrühe darin auflösen) übergießen. Bei Mit Deckel 20 Minuten quellen lassen. Die Körner mit einer Gabel auflockern. Die Kichererbsen einarbeiten und ggf. erneut salzen. Den Kichererbsensud beiseitestellen.

3 **Hummus** Alle Zutaten (mit zwei Dritteln der Kichererbsen) im Mixer pürieren und mit Salz abschmecken.

4 **Sauce** Die Mandeln im Backofen 20 Minuten lang bei 150 °C rösten. Einige Minzblättchen zum Anrichten beiseitelegen. Die restlichen Blätter abzupfen, waschen und mit Olivenöl, Mandeln, Zitronensaft sowie Shoyu im Mixer zu einer feinen Creme pürieren. Wenn nötig, esslöffelweise Wasser dazugeben, bis die gewünschte Konsistenz erreicht ist.

5 **Servieren** 1 Karotte mit dem Spiralschneider zu feinen Spaghetti verarbeiten. Die Millefeuilles mit Backpapier abdecken und im Backofen 10 Minuten lang bei 150 °C erhitzen. Auf jeden Teller ein Millefeuille setzen und mit frischen Minzblättchen garnieren. Jeweils einen Klecks Hummus und Mandel-Minz-Sauce auf den Teller geben. Couscous und Karottenspaghetti dazu reichen.

# FRÜCHTEBROT MIT KAROTTEN,
## Pflaumen und Kürbiskernen

*80 g ungeschwefelte Trockenpflaumen*
*250 g Karotten (möglichst weiße)*
*100 g Roggenmehl Type 815*
*150 g Weizenmehl Type 1050*
*½ TL Weinstein-Backpulver*
*120 ml Vollmilch*
*2 Bio-Eier*
*150 g Blütenhonig*
*2 EL Kürbiskernöl*
*2 Prisen Anispulver*
*2 EL Kürbiskerne*

Die Pflaumen (falls nötig) entkernen und klein schneiden. Die Karotten schälen und raspeln. Mehl und Backpulver in einer Schüssel vermengen. In die Mitte eine Vertiefung drücken. Milch mit Eigelb und Honig verrühren und in die Vertiefung gießen. Das Mehl in die Flüssigkeit einarbeiten, sodass keine Klümpchen entstehen. Kürbiskernöl dazugeben und erneut gut durchrühren, bis ein glatter Teig entsteht. Karotten, Pflaumen und Anis untermengen. Eiweiß zu lockerem Schnee schlagen und unterziehen. Eine Kastenform mit Backpapier auslegen, dieses mit den Kürbiskernen bestreuen und den Teig einfüllen. Im Backofen 1 Stunde lang bei etwa 170 °C (mit Umluft bei 145 °C) backen. Aus dem Ofen nehmen und sofort aus der Form holen.

### Gewusst wie!

Wenn Sie Gemüse schälen und schneiden, sollten Sie dies stets längs der natürlichen Wuchsrichtung tun. Karotten, Rettich und Rüben werden vom Blattansatz in Richtung Spitze geschält. Die Zwiebel hingegen wird von der Spitze zur Wurzel geschält, aber von der Wurzel zur Spitze geschnitten.

# KAROTTEN IN SALZKRUSTE

## mit Arganöl und Granatapfelsauce

**Karotten in Salzkruste**
*4 große, kräftige Karotten (etwa 400 g)*
*1,5 kg grobes Meersalz (Gros Sel de Guérande)*
*1 Granatapfel*

**Sauce**
*2 EL Arganöl*
*4 EL Granatapfelsaft, ungesüßt*

1 Den Backofen auf 250 °C vorheizen. Die Karotten unter fließendem Wasser abbürsten und trocken tupfen. Ein Viertel des Meersalzes in eine feuerfeste Auflaufform geben. Die Karotten darauf verteilen und mit dem Rest des Salzes bedecken. Dabei darauf achten, dass es sich in der Mitte leicht auftürmt. Mit den Händen gut andrücken. Dann die Karotten 40 Minuten lang im Backofen garen. Die Form aus dem Ofen nehmen und etwa 30 Minuten abkühlen lassen. Jetzt ist das Gemüse weich und immer noch warm. Den Granatapfel halbieren und die Kerne herauslösen.

2 **Sauce** Arganöl und Granatapfelsaft mit einem kleinen Schneebesen verrühren. Die Sauce etwas erwärmen. Sie wird nicht gesalzen, denn die Karotten enthalten bereits genug Salz.

3 **Servieren** Die Auflaufform auf den Tisch stellen und vor den Augen Ihrer Gäste die Salzkruste zerschlagen. Die Karotten herausnehmen und vorsichtig schälen. Jede Karotte auf einen Teller legen, die Sauce darübergeben und mit Granatapfelkernen bestreut servieren.

### Gourmet-Tipp

Für diese Art der Zubereitung eignet sich die Karottensorte „Guérande“ am besten. Ihr Fleisch ist auch gegart noch bissfest und ihr feines Aroma bleibt erhalten.

# EINKORNSPIRELLI MIT KAROTTEN,

## Meeresspaghetti und gekeimten Azukibohnen

*150 g Azukibohnen*
*300 g Karotten (gelb; möglichst „Doubs")*
*100 g Meeresspaghetti, frisch (Braunalgen)*
*400 g Spirelli aus Einkorn (oder aus Dinkel)*
*abgeriebene Schale von 1 Bio-Kaffernlimette*
*1 EL Öl von geröstetem Sesam*
*1 EL Öl von ungeröstetem Sesam*
*1 EL Shoyu (Sojasauce mit Weizen)*
*1 kleiner Bund Kerbel*
*Algen-Gomasio (wahlweise)*

1 **Vorbereitung** Die Azukibohnen 4 Tage vor der Zubereitung über Nacht einweichen und anschließend keimen lassen (siehe Seite 46 f.).

2 **Zubereitung** Am Tag der Zubereitung die Karotten schälen und in schmale Stifte schneiden. Die Meeresspaghetti waschen und 10 Minuten wässern. Die gekeimten Bohnen 10 Minuten lang dampfgaren. In einem flachen Topf ausreichend Salzwasser zum Kochen bringen und die Spirelli darin kochen. Nach der Hälfte der Kochzeit die Karottenstifte und die Meeresspaghetti dazugeben. Sind die Nudeln bissfest, diese abgießen und in eine große vorgewärmte Schüssel geben. Azukibohnen hinzufügen und rasch mit Limettenschale, Sesamöl, Shoyu und grob gehacktem Kerbel vermengen.

3 **Servieren** Die Schüssel in die Mitte des Tisches stellen und das Algen-Gomasio (Rezept siehe unten) gesondert dazu reichen. Die Nudeln werden in kleine Schälchen gefüllt und mit Gomasio bestreut.

**DAS GRUNDREZEPT**

## Algen-Gomasio, hausgemacht

*50 g Sesamsamen*
*1 TL Fleur de Sel (handgeschöpftes Meersalz)*
*1 TL Algenflocken (Nori, Dulse etc.; siehe „Bezugsquellen", Seite 62)*

Die Sesamsamen etwa 10 Minuten lang mit Salz und Algenflocken ohne Öl in der Pfanne rösten. Dabei ständig umrühren. In einen Mörser geben und zu grobem Puder zerstoßen. Wahlweise können Sie auch den Mixer verwenden.

## Hätten Sie's gewusst?

Die **Kaffernlimette** ist eine Zitrusfrucht aus Indien. Ihre Schale ist grobwarzig und dunkelgrün. Sie schmeckt säuerlicher als die hierzulande bekannten Zitronen. Auch ihre Blätter lassen sich verwenden, z. B. für Eintöpfe oder Bouillon. Kaffernlimetten sind im gut sortieren Feinkosthandel ebenso erhältlich wie in Asia-Läden.

1

2

3

4

# KNOLLENSELLERIE, PETERSILIENWURZELN, KNOLLENKERBEL UND PASTINAKEN

## Wissenswertes

Farblich und geschmacklich sind diese Vertreter aus der Familie der Doldenblütler einander so ähnlich, dass ich Sie Ihnen hier zusammen präsentieren möchte – nicht ohne jede von ihnen zuvor im Detail vorgestellt zu haben.

### 1 Knollensellerie

Der Knollensellerie gehört wie Karotte, Kerbel, Koriander, Petersilie, Liebstöckel, Fenchel und Pastinake zur Familie der Doldenblütler. Knollen- und Staudensellerie sind Vertreter derselben botanischen Art, deren lateinischer Name *Apium graveolens* lautet. Sie wurden aus dem wilden Sellerie gezüchtet und auf dickere Wurzeln bzw. dickere Stängel hin selektiert. Die jungen Pflanzen werden im Mai pikiert. Die Wurzel wächst langsam, daher wird der Sellerie erst im November geerntet, gerade vor dem ersten Frost. Im Winter lagert man ihn möglichst kühl und trocken. Früher waren die Sellerieknollen allerdings nicht so rund wie heute. Auch dies verdanken wir den selektiven „Verbesserungen" der Züchter, die ihre Lagerung vereinfachen sollten.

Beim Kauf sollten Sie darauf achten, dass die Knolle schwer und fest ist, keine braunen oder gelben Stellen aufweist und dass sie nicht zu groß ausfällt. Idealerweise sollte der Gemüsebauer sie vorher nur waschen und nicht von ihren Wurzeln befreit haben. Dann oxidieren sie nicht so schnell und bewahren ihr Aroma.

## 2 Petersilienwurzel

Die Wurzelpetersilie (*Petroselinum tuberosum*), auch „Knollenpetersilie" genannt, ist eine alte Gemüsesorte. Schon Karl der Große liebte sie und ordnete daher an, sie in den Gärten seiner Residenz anzubauen.

Man findet sie heute vor allem im Herbst und im Frühling auf Bauern- und Wochenmärkten. Ihre dickfleischige Rübenwurzel misst etwa 15 Zentimeter. Das Fleisch ist weißlich und schmeckt nach Sellerie bzw. Pastinake mit einer leichten Petersiliennote. Ihre Blätter können wie glatte Petersilie verwendet werden. Die Petersilienwurzel sollte jedoch frisch sein, da sie leicht austrocknet. Roh bzw. frisch geraspelt schmeckt sie ebenso lecker wie gekocht (in der Gemüsebrühe oder zur Velouté verfeinert), gebacken oder gebraten.

## 3 Knollenkerbel

Der Knollenkerbel (*Chaerophyllum bulbosum*), auch „Knolliger Kälberkropf" oder „Kerbelrübe" genannt, hat eine feine weiße Wurzel, die roh wie gekocht verwendet wird. Sie hat ein kastanienartiges Aroma mit einem leichten Anisduft und macht sich daher auch in süßen Gerichten gut. Gekocht ist ihr Fleisch weiß und mehlig, fast wie eine Kartoffel, aber etwas faseriger. Der süße, esskastanienartige Geschmack entwickelt sich jedoch erst, wenn die Wurzel mindestens 2 Monate lang der Kälte ausgesetzt war. Die Blätter des Knollenkerbels sind giftig!

Um den Knollenkerbel roh zu essen, müssen Sie die Wurzeln nur reiben oder mit dem Gemüsehobel stifteln, um sie mit einer Vinaigrette als Salat zu servieren. Die ganze Wurzel ist nach gut 20 Minuten in kochendem Salzwasser gar. Dafür sollten Sie die kleinen Rüben nicht schälen, da ihre Außenhaut die Geschmacksstoffe bewahrt. Nach dem Garen kurz unter kaltem Wasser abschrecken, um den Garprozess zu unterbrechen. Und dann können Sie auch schon hineinbeißen. Knollenkerbel pur verzehrt ist ein Hochgenuss, oder Sie schneiden die Wurzel der Länge nach auf und bringen sie mit etwas geklärter Butter auf den Tisch.

## 4 Pastinake

Auch die Pastinake (*Pastinaca sativa*) ist in Europa heimisch. Auf hiesigen Märkten finden wir vor allem die halblange aus Guernsey, die eine sehr fleischige Wurzel hat. Früher wurde sie oft mit der damals noch weißen Karotte verwechselt. Doch die Pastinake stand im Mittelalter zusammen mit Kohl und Rüben auf dem Speiseplan der meisten Bauern. Im 19. und 20. Jahrhundert geriet sie aber zunehmend in Vergessenheit und wurde von der Kartoffel verdrängt. In Deutschland wurde die Pastinake daher vom Verein zur Erhaltung der Nutzpflanzenvielfalt 2011 und 2012 zum Gemüse des Jahres auserkoren. Wie der Topinambur wird auch die Pastinake durch Kälte besser im Geschmack, da durch diese die im Sommer angesammelte Stärke teilweise in Zucker umgewandelt wird. Roh und gekocht ähnelt sie in Farbe und Textur dem Sellerie, hat jedoch ein viel subtileres Aroma. In der Pastinake versammeln sich feine Noten von Sellerie, Fenchel und Petersilie, was unserem Gaumen schmeichelt. Pastinaken können geraspelt oder mit dem Spiralschneider zu Spaghetti geschnitten werden, sind aber auch in der Suppe, im Püree und in der Pfanne ein Hochgenuss. Und im Winter sind sie eine wertvolle Nährstoffquelle.

# SELLERIETÖRTCHEN MIT SHIITAKE

## und knusprigem Kürbiskern-Crumble

**Sellerietörtchen**

*1 Sellerieknolle (etwa 800 g)*
*½ TL gekörnte Gemüsebrühe*
*100 ml Wasser*
*1 EL Hafersahne, ungesüßt*
*3 Prisen getrocknete Kräuter*
*1 Prise Penja-Pfeffer und Salz zum Abschmecken*
*500 g frische Shiitakepilze*
*2 EL Olivenöl*
*je 1 EL Shoyu und Mirin (Reiswein)*
*Hafermilch (Menge nach Bedarf)*

**Kürbiskernkrokant**

*15 g getrocknete Shiitakepilze*
*130 g Weizenmehl Type 1050*
*30 g Haferflocken, Feinblatt*
*30 g Kürbiskerne, zerdrückt*
*2 Prisen Salz*
*je ¼ TL Weinstein-Backpulver und Kümmel*
*40 g Margarine*
*30 g Kürbiskernöl von gerösteten Kernen*
*Hafermilch (Menge nach Bedarf)*

1 **Sellerietörtchen** Die Sellerieknolle schälen, vierteln, in dünne Scheiben schneiden und in einen Schmortopf geben. Gemüsebrühe im Wasser auflösen und den Sellerie damit aufgießen. Das Ganze mit Deckel etwa 15 Minuten weich köcheln lassen. Sellerie in einen tiefen Teller geben und mit der Gabel zerdrücken, mit etwas Hafersahne, Kräutern und Pfeffer zu Püree verarbeiten. Mit Salz abschmecken. Die Pilze waschen und in Scheiben schneiden. In einem Topf mit Olivenöl 5 Minuten garen, dabei häufig umrühren. Mit Shoyu und Mirin ablöschen und 5 Minuten weiterköcheln lassen. 4 Dessertringe auf einem Backblech verteilen. Jeweils 2 Esslöffel Selleriepüree hineingeben, darüber 1 Esslöffel Pilze und wieder 2 Esslöffel Selleriepüree. Mit einer Pilz-Schicht abschließen.

Die restlichen Pilze mit Hafermilch mixen, bis eine Creme entsteht.

2 **Kürbiskernkrokant** Die getrockneten Pilze im Mixer zu Mehl vermahlen. In einer Schüssel mit Mehl, Haferflocken, Kürbiskernschrot, Salz, Backpulver und Kümmel vermengen. Margarine sowie Kürbiskernöl darübergeben und mit möglichst kalten Händen in das Mehl reiben. So viel Hafermilch dazugeben, dass ein Mürbeteig entsteht. Den Teig zu einer festen Kugel verkneten und etwa 2 Millimeter dick ausrollen. Davon Kreise mit etwa 3 Zentimetern Durchmesser ausstechen und diese auf einen mit Backpapier ausgelegten Rost geben. Im Backofen bei 150 °C etwa 30 Minuten knusprig braun backen.

3 **Servieren** Auf jeden Teller einen gefüllten Dessertring setzen, den Ring entfernen. Über die Sellerietörtchen jeweils 1 Esslöffel Shiitakecreme geben, die Plätzchen zerkrümeln und darüberstreuen. Dazu grünen Salat der Saison reichen.

## Hätten Sie's gewusst?

Sowohl Blätter als auch Knolle vom **Sellerie** enthalten reichlich Antioxidantien, besonders Polyphenole, Apigenin und Lutein. Diese können u. a. vor Krebs schützen. Bereits im Mittelalter wurde Sellerie wegen seines hohen Kaliumgehalts gegen Gicht eingesetzt. Ich verwende häufig Selleriesamen zum Würzen von Fisch- und Algengerichten. Die Knolle selbst schätze ich als aromatische Suppenzutat und auch die Blätter lassen sich gut als Gewürz verwenden, z. B. in Salaten oder für Füllungen.

# SAFRAN-BRIOCHE MIT KNOLLENKERBEL,

## und Blütenpollen, dazu Schafskäse und Kerbel-Honig-Konfitüre

**Safran-Brioche**

*8 Safranfäden*
*1 EL Tannenhonig*
*6 Stück Knollenkerbel (etwa 200 g; oder Pastinaken)*
*je 100 g Weizenmehl Type 1050 und Einkornmehl*
*1 Tütchen Trockenhefe*
*1 EL Blütenpollen*
*½ Becher Schafsmilchjoghurt, vollfett*
*2 Bio-Eier*

**Kerbel-Honig-Konfitüre**

*20 Safranfäden*
*150 ml warmes Wasser*
*1 kg Knollenkerbel*
*500 g Tannenhonig*

**Zum Anrichten**

*300 g reifer Schafskäse*

1 **Brioche** Am Vorabend den Honig in 80 Millilitern warmem Wasser auflösen und darin die Safranfäden einweichen.

Knollenkerbel schälen und raspeln. In einem Schmortopf mit dem Honig-Safran-Wasser aufkochen und 10 Minuten garen lassen, bis das Wasser vollständig aufgesogen ist. Beiseitestellen.

Alle trockenen Brioche-Zutaten in einer Schüssel vermengen. Joghurt sowie Eier unterrühren und 10 Minuten lang verkneten. Dann den Teig in der Schüssel mit einem Tuch bedeckt an einem warmen Ort 1 bis 2 Stunden gehen lassen. Erneut 5 Minuten durchkneten, dabei die Kerbelraspel einarbeiten. Den Teig in mit Backpapier ausgekleidete Briocheformen geben. Mit einem Tuch bedeckt erneut 1 bis 2 Stunden an einem warmen Ort gehen lassen. Im Backofen bei 180 °C etwa 35 Minuten backen (mit Umluft bei 160 °C). Die fertigen Brioches sofort aus den Förmchen nehmen und auf einem Rost abkühlen lassen.

2 **Konfitüre** Am Vorabend die Safranfäden im warmem Wasser einweichen. Für die Zubereitung Wasser in einem großen Topf zum Kochen bringen. Den Knollenkerbel waschen und je Knolle 5 Minuten ins kochende Wasser tauchen, sofort in kaltem Wasser abschrecken. Schälen, der Länge nach achteln und mit dem Safranwasser sowie dem Honig mit Deckel auf kleiner Flamme 1 Stunde lang köcheln lassen. Dabei häufig umrühren. Marmeladengläser und -deckel mit kochend heißem Wasser ausspülen. Die Konfitüre in die Gläser füllen, verschließen und kopfüber auf ein feuchtes Tuch stellen, bis sie abgekühlt sind.

3 **Servieren** Auf jeden Teller eine Brioche setzen, dazu Schafskäse sowie die Konfitüre reichen.

# PASTINAKEN-TOPINAMBUR-PÜREE

## mit veganem Tofu-Wirsing-„Rührei"

**Püree**

*1 Zwiebel*
*5 Topinamburknollen*
*3 Pastinakenwurzeln*
*2 Kartoffeln*
*2 EL kalt gepresstes Rapsöl*
*geriebene Muskatnuss*
*Salz für das Kochwasser und zum Abschmecken*

**Veganes „Rührei"**

*1 EL Sultaninen*
*1 EL Cognac*
*1 Knoblauchzehe*
*½ kleiner Wirsingkohl*
*2 EL Olivenöl*
*Salz zum Abschmecken*
*frische Kräuter zum Bestreuen*
*250 g Tofu, natur*
*1 EL Shoyu (Sojasauce mit Weizen)*

**Topinambur-Chips und Pastinakenrüschen**

*2 ungeschälte Topinamburknollen, mit dem Sparschäler zu Chips geschnitten und im Backofen bei 50 °C getrocknet, bis sie knusprig sind*

*1 geschälte Pastinakenwurzel, mit dem Spiralschneider zu breiten Bändern geschnitten*

1 **Püree** Die Zwiebel schälen und fein hacken. Topinambur, Pastinaken und Kartoffeln schälen, waschen, in dünne Scheiben schneiden und in einen Schmortopf geben. Bis zu einem Drittel der Topfhöhe mit Wasser aufgießen und mit einigen Prisen Salz würzen. Bei halb geschlossenem Deckel 30 Minuten garen, dabei häufig umrühren. Das Wasser abgießen. Rapsöl zu dem Gemüse geben und mit einem Stabmixer pürieren. Mit Muskatnuss würzen und mit Salz abschmecken.

2 **Veganes „Rührei"** Die Sultaninen waschen und in Cognac einweichen. Knoblauchzehe schälen und fein hacken. Den Wirsing in Wuchsrichtung in feine Streifen schneiden, dabei die Blattstiele und -mitteladern entfernen. Öl in einem Schmortopf erhitzen. Den Knoblauch dazugeben, anschließend den Wirsing. Leicht salzen und unter Rühren anschwitzen. Mit 1 Esslöffel Wasser aufgießen. Sultaninen sowie Cognac hinzufügen und mit Kräutern bestreuen. Bei halb geschlossenem Deckel etwa 10 Minuten garen. Dann den gewaschenen und zerkrümelten Tofu dazugeben. Gründlich umrühren, mit Shoyu abschmecken und eventuell nachsalzen. Weitere 5 Minuten garen, der Wirsing sollte jedoch knackig bleiben.

3 **Servieren** Auf jeden Teller ein Viertel des Pürees geben. Mit Tofu-„Rührei", Topinambur-Chips und Pastinakenrüschen garnieren.

# REIS-PETERSILIENWURZEL-RÖLLCHEN

## auf Azuki-Persillade mit grün-weißer Velouté

**Reisröllchen**
*50 g roter Reis aus der Camargue*
*100 ml Reismilch*
*je 1 EL Tamari und Gomasio (Sesamsalz)*
*200 g Petersilienwurzeln*
*2 Knoblauchzehen*
*2 Blätter Reispapier*
*50 g rote Mizunasprossen oder Rucola*

**Persillade mit gekeimten Azukibohnen**
*200 g Azukibohnen*
*1 Knoblauchzehe*
*Blätter der Petersilienwurzel oder ½ Bund Petersilie*
*2 EL Sesamöl aus erster Kaltpressung*
*1 EL Reisessig*
*Salz zum Abschmecken*

**Grün-weiße Velouté**
*200 g Petersilienwurzeln*
*1 Zwiebel*
*200 g Pastinaken*
*200 ml Reismilch*
*¼ TL Ceylon-Curry*
*Salz zum Abschmecken*
*Blätter der Petersilienwurzel oder ½ Bund Petersilie*
*je 2 EL Sesamöl und Zitronensaft*
*2 Eiswürfel*

1 **Reisröllchen** Den Reis waschen. Reismilch sowie 100 Milliliter Wasser in einem Topf zum Kochen bringen und den Reis darin 30 Minuten garen. Falls die Flüssigkeit nicht ganz aufgesogen wurde, gründlich abgießen. Mit Tamari würzen.

Die Petersilienwurzeln schälen und in feine Streifen schneiden. Knoblauchzehen schälen und fein hacken. Ein Blatt Reispapier in lauwarmem Wasser anfeuchten und auf einer befeuchteten Arbeitsfläche auslegen. Mit Mizunasprossen oder Rucolablättern belegen, dabei jeweils 1 Zentimeter Rand frei lassen. Camargue-Reis und Gemüsestreifen darauf verteilen. Gehackten Knoblauch darübergeben, mit Gomasio bestreuen und das Blatt aufrollen. Dabei die frei gelassenen Ränder über die Füllung einschlagen. Mit dem zweiten Blatt Reispapier ebenso verfahren. Jede Rolle mittig in zwei Teile schneiden und diese beiseitestellen.

2 **Azuki-Persillade** Die Azukibohnen 6 Tage vor der Zubereitung 1 Nacht lang einweichen. Anschließend in ein Glas geben und dieses mit einem sauberen Mulltuch verschließen. Dann schräg und mit dem Verschluss nach unten in eine Halterung stellen.

Die Bohnen 5 Tage lang keimen lassen. Dabei 2-mal täglich das Wasser wechseln.

Am Tag der Zubereitung die gekeimten Azukibohnen 15 Minuten lang dampfgaren. Die Knoblauchzehe schälen und fein hacken. Die Petersilienblätter waschen und fein hacken. Die Azukibohnen mit Petersilie sowie Knoblauch vermischen und mit Sesamöl, Reisessig und Salz abschmecken. Beiseitestellen.

3 **Velouté** Petersilienwurzeln, Zwiebel und Pastinaken schälen. Klein schneiden und mit Reismilch, Curry sowie 1 Prise Salz in einen Schmortopf geben. Mit Wasser aufgießen, bis das Gemüse bedeckt ist. Bei halb geschlossenem Deckel 10 Minuten köcheln lassen. Anschließend 15 Minuten abkühlen lassen, im Mixer fein pürieren und erneut mit Salz abschmecken. Die Petersilienblätter waschen, mit Öl, Zitronensaft, auf Wunsch etwas Salz sowie den Eiswürfeln mixen, bis eine cremige Sauce entsteht. Kühl stellen.

4 **Servieren** Jeweils 2 bis 3 Esslöffel Azuki-Persillade in ein Schälchen geben und 1 Reisröllchen mit der Öffnung nach oben daraufsetzen. In ein Glas zuerst 1 Esslöffel grüne Sauce geben, dann jeweils mit 4 Esslöffeln weißer Velouté auffüllen und mit 1 getrocknetem Petersilienzweig garnieren.

## Hätten Sie's gewusst?

**Japanischer Reisessig** wird durch Milchsäuregärung aus Reis gewonnen und ist daher sehr mild. Man verwendet ihn vor allem zum Würzen der eingelegten Gemüse in Sushi. Da er weniger Säure enthält, wird er auch bei Magenschwäche gut vertragen. Ich rate Ihnen, einen Reisessig in Bio-Qualität zu verwenden.

1

2

3

4

5

# WEISSE RÜBEN UND KOHLRÜBEN

## Wissenswertes

Die weiße Rübe gehört zu den Kreuzblütlern und damit derselben botanischen Familie an wie Senf, Raps, Kresse, Rettich und Rucola. Die Steckrübe wird auch „Kohlrübe" genannt und ist ebenfalls ein Kreuzblütengewächs. Sie trägt zudem den wenig schmeichelhaften Namen „Runkelrübe". Die weiße Rübe wird häufig nur als Viehfutter angebaut. Sie stammt aus dem Mittelmeerraum und gehörte im Mittelalter zu den meistverzehrten Gemüsesorten.

Bis zum 18. Jahrhundert galt sie besonders in Notzeiten als wichtiges Grundnahrungsmittel. Dann kam jedoch die Kartoffel auf und sorgte dafür, dass die weiße Rübe der Vergessenheit anheimfiel. In Großbritannien allerdings wird sie auch heute noch gern verzehrt, und in Schottland gehört sie sogar zu den Nationalgerichten. Jüngste Forschungsarbeiten belegen, dass der regelmäßige Verzehr von Kreuzblütlern wie der weißen Rübe, der Kohlrübe, Blumenkohl, Brokkoli, Weiß- und Rotkohl vor bestimmten Tumorarten sowie vor Herz-Kreislauf-Erkrankungen schützen kann. Das liegt vor allem an den darin enthaltenen Senfölglykosiden, Vitaminen,

Mineralstoffen und sekundären Pflanzenstoffen. Zur Erntezeit der Rüben sollte man zudem auch das junge Rübenkraut verzehren, da es viel Vitamin A, C und E enthält sowie Folsäure (Vitamin $B_9$), die Blutarmut entgegenwirkt. Die frischen jungen Blätter schmecken gut als Rohkost in Salaten, aber auch gekocht in Suppen oder Eintöpfen.

Wenn wir aufhören, im Winter Tomaten, Zucchini und andere Sommergemüse zu essen, werden wir den Reichtum unserer heimischen Kohlgewächse wieder zu schätzen lernen und mit ihnen zahllose Sorten entdecken, die zu Unrecht in Vergessenheit geraten sind wie die weiße Rübe „Boule d'or" bzw. „Boule de Neige", die schwarzen Winterrüben, die Pardailhan und die feinfleischigen länglichen weißen Rüben.

Schmecken Sie die Unterschiede zwischen all diesen Varianten heraus und lassen Sie auch Ihre Kinder probieren! Wenn diese von klein auf lernen, dass man mit Rüben leckere Gerichte auf den Speiseplan zaubern kann, werden sie sie als Erwachsene auch selbst gern zubereiten. Gibt es im Winter etwas Tristeres als eine dieser geschmacklosen Gewächshaustomaten? Probieren Sie stattdessen doch eine duftende „Boule d'or", die Sie z. B. in den Salat reiben. Sie werden den Unterschied schmecken!

### 1 Boule d'or

Die „Boule d'or" gehört zu den weißen Rüben oder Speiserüben. Es handelt sich dabei um eine sehr alte europäische Rübensorte. Sie hat eine schöne, goldgelbe Farbe und ein delikat-fruchtiges Aroma, das sie roh ebenso schmackhaft macht wie gekocht.

### 2 Pardailhan

Die schwarze Rübe von Pardailhan (südfranz. *Pelardon*) hingegen beschert uns aromatische Nuss- und Mandelnoten. Sie stammt ursprünglich aus dem Département Hérault und wächst auf den Hochebenen des Haut-Languedoc. Hier wird sie Anfang August gesät und von November bis Februar per Hand geerntet. Die lange schwarze Rübe hat sich dem Klima in der Gemeinde Pardailhan perfekt angepasst. Der Boden und das dortige Klima verleihen ihr ihren einzigartigen Geschmack, der sich je nach Anbauort von Rübe zu Rübe unterscheidet. Das liegt wohl auch an der roten Erde des Languedoc.

Mittlerweile gibt es seit etwa zwölf Jahren eine Anbaugenossenschaft aus etwa zwanzig Bauern, die jährlich rund 60 Tonnen dieser Rübe auf den Markt bringen. Zusammen mit *Slow Food* wacht man dort darüber, dass das Erbgut dieser Köstlichkeit nicht verunreinigt wird, und versucht zudem, sie mit speziellen Veranstaltungen zu ihren Ehren nicht nur unter Feinschmeckern bekannt zu machen.

**3 Rotschopfiges Mairübchen (Milan)**
Diese platte, runde Frühlingsrübe, die auch als „Mailänder Rübchen" oder „Milan" bezeichnet wird, besitzt reinweißes Fleisch und hat einen karmesinroten Schopf. Auch vom Mairübchen isst man zur Erntezeit gern die zarten Blätter und Stiele mit, die jedem Salat knackige Frische verleihen.

**4 Teltower Rübchen**
Die kleinen weißlich-gelben Rüben gelten seit jeher als Delikatesse. Sie wurden vorzugsweise in Brandenburg in der Gegend um Teltow angebaut und im August ausgesät. Der magere Sandboden machte sie besonders aromatisch, sodass sie sogar an den französischen Hof geliefert wurden. Mittlerweile ist ihr Name durch ein Patent einer örtlichen Anbaugenossenschaft geschützt. Ihr charakteristischer Geschmack hat dafür gesorgt, dass das Teltower Rübchen über Jahrhunderte hinweg die Vorherrschaft der Kartoffel überlebte und heute wieder auf vielen Bauern- und Wochenmärkten angeboten wird.

**5 Kohlrübe (Runkelrübe)**
Die Kohlrübe ist durch Kreuzung einer weißen Rübe mit dem Grünkohl entstanden. Sie scheint ihre Wurzeln im nördlichen Europa zu haben, zumindest deutet der Beiname „Schwedische Rübe" darauf hin. Im Ersten Weltkrieg spielte sie als Grundnahrungsmittel eine bedeutende Rolle, als die deutsche Bevölkerung von 1916/17 an nichts mehr zu essen hatte. Sie ist meist fleischiger als die weiße Rübe und hat eine leicht elliptische Form. Die Außenhaut am Kopf kann grün oder violett ausfallen, wobei die violetten Exemplare schärfer und aromatischer sind als die grünen.

# RÜBEN, KAROTTEN & PASTINAKEN

## mit Pesto im Buchweizenbett zu Karotten-Fenchel-Saft

**Rübengemüse mit Pesto**

*1 Kohlrübe (etwa 250 g)*
*2 Karotten (etwa 200 g)*
*1 Pastinakenwurzel (etwa 170 g)*
*2 EL Olivenöl*
*100 ml trockener Weißwein*
*150 ml Wasser*
*1 EL Kuzu (japanisches Stärkemehl)*
*1 EL Pesto Genovese*
*Salz zum Abschmecken*

**Buchweizenbett**

*200 g Buchweizen*
*1 Prise Salz*

**Karotten-Fenchel-Saft**

*4 Karotten*
*1 Fenchelknolle*
*1 cm frische Ingwerwurzel*

**Zum Anrichten**

*1 kleine Kohlrübe*

1 **Rübengemüse** Kohlrübe, Karotten und Pastinake schälen. Die Kohlrübe vierteln und dann im Diamantschnitt (siehe Seite 8) zerteilen. Karotten und Pastinake ebenso schneiden. Das Gemüse 5 Minuten lang in einem flachen Topf mit etwas Olivenöl und Salz anbraten. (Nicht zu sehr salzen, denn das später dazugegebene Pesto enthält ebenfalls Salz.) Mit Weißwein ablöschen und mit Wasser aufgießen. Bei halb geschlossenem Deckel auf kleiner Flamme 15 Minuten köcheln lassen. Kuzu in wenig kaltem Wasser auflösen. Etwas Kochflüssigkeit sowie das Pesto hinzufügen. Wenn das Gemüse noch bissfest ist, die Mischung zu dem Gemüse geben und gut umrühren. Das Pesto zieht auf diese Weise sofort ein. Das Gemüse vom Herd nehmen und beiseitestellen.

2 **Buchweizen** Den Buchweizen in einem flachen Topf ohne Öl 10 Minuten leicht anrösten. Vom Feuer nehmen und das Zweifache der Buchweizenmenge an lauwarmem Wasser dazugeben. Etwas Salz hinzufügen und umrühren. Mit Deckel 15 Minuten quellen lassen.

3 **Saft** Die Karotten bürsten, den Fenchel waschen und zerteilen. Beide unmittelbar vor dem Servieren mit der geputzten Ingwerwurzel im Entsafter zu frischem Gemüsesaft verarbeiten.

4 **Servieren** Die Kohlrübe schälen und mit dem Spiralschneider zu dünnen Spaghetti verarbeiten.

2 Esslöffel Buchweizen auf jeden Teller geben und flach drücken. Das Gemüse darauf anrichten, mit den Kohlrübenspaghetti garnieren und den frischen Saft in einem Glas dazu reichen.

# TELTOWER-RÜBCHEN-TORTE

## mit Äpfeln und Dattel-Zimt-Frischkäsecreme

**Teig**

*100 g Roggenmehl Type 815*
*100 g Vollreismehl, fein gemahlen*
*½ TL Zimtpulver*
*3 Prisen Salz*
*50 ml Olivenöl*

**Füllung**

*4 Mairübchen (etwa 500 g)*
*2 säuerliche Äpfel (etwa 350 g)*
*4 Bio-Eier*
*400 g schnittfester Schafsfrischkäse*
*1 TL Agastachesamen oder -blätter (wahlweise Minz-, Basilikum- oder Melissenblätter)*
*2–3 Prisen Salz*

**Frischkäsecreme**

*1 Knoblauchzehe, fein gehackt*
*200 g schnittfester Schafsfrischkäse*
*3 Prisen Zimt*
*3 Medjoul-Datteln, klein geschnitten*

1 **Teig** Mehle, Zimt und Salz in einer Schüssel vermengen. Das Olivenöl einmassieren, sodass sich kleine Krümel bilden und diese mit wenig Wasser zu einem Teig verkneten. Zu einer Kugel formen und mit einem Tuch bedeckt mindestens 30 Minuten ruhen lassen. Zwei Drittel des Teigs ausrollen und eine Tarteform damit auskleiden. Den Rest des Teigs beiseitestellen.

2 **Füllung** Die Mairübchen abbürsten oder schälen, falls die Schale zu dick ist. Äpfel schälen, vierteln und das Kerngehäuse entfernen. Die Mairübchen vierteln und anschließend 15 Minuten dampfgaren. Die Äpfel nach 5 Minuten dazugeben. Dann die Eier mit der Gabel verquirlen und den zerkrümelten Frischkäse sowie die Agastachesamen oder -blätter unterheben. Rübchen und Äpfel abwechselnd auf dem Teig verteilen. Mit Salz bestreuen und die Ei-Käse-Mischung darübergießen. Den restlichen Teig ausrollen und auf den Kuchen legen. Die Ränder gut andrücken. In der Mitte ein Loch von etwa ½ Zentimeter Durchmesser schneiden, damit der Dampf entweichen kann. In den vorgeheizten Ofen auf der untersten Schiene bei 180 °C etwa 30 Minuten backen. Ist der Kuchen dann oben noch nicht durchgebacken, die Form kurz unter den Grill schieben.

3 **Frischkäsecreme** Den Knoblauch mit dem Frischkäse vermengen. Dattelstückchen und Zimt ebenfalls einarbeiten, zu einer homogenen Creme verrühren.

4 **Servieren** Auf jeden Teller ein Stück Mairübchentorte geben und daneben 1 Esslöffel Frischkäsecreme setzen. Im Sommer mit frischen Agastacheblüten garnieren.

## Hätten Sie's gewusst?

**Die Duftnessel (*Anis Ysop, lat. Agastache foeniculum*)** lässt sich sehr gut im Garten ziehen und erweitert die kulinarische Vielfalt in Ihrer Küche ungemein durch ihre vielseitigen Verwendungsmöglichkeiten. Ich gebe Blätter und Blüten gern in Frischkäse sowie Salate oder vermenge sie mit Basilikum, Petersilie, Kornblumen und Sonnenblumenblättchen.

# GEFÜLLTE GOLDRÜBCHEN MIT ALGEN

## und Einkorn-Risotto

**Goldrübchen**

*1 TL gekörnte Gemüsebrühe*
*250 ml heißes Wasser*
*50 g Sojaschnetzel*
*4 Speiserüben Boule d'or (etwa 150 g pro Rübe)*
*1 Knoblauchzehe, fein gehackt*
*40 g Meersalat, frisch (oder getrocknete Aonori-Flocken; siehe „Bezugsquellen", Seite 62)*
*3 Prisen ganze Fenchelsamen*
*1–2 EL Tamari (Sojasauce)*
*2 EL Dinkelmilch*

**Risotto**

*200 g Einkorn*
*2 EL Olivenöl*
*150 ml Wasser*
*100 ml Dinkelmilch*
*Salz zum Abschmecken*

**Zum Anrichten**

*½ Bund Estragon*

1 **Goldrübchen** Gemüsebrühe in das Wasser einrühren, über die Sojaschnetzel gießen und 1 Stunde ziehen lassen. Die Goldrübchen abbürsten und ganz in leicht köchelndem Salzwasser 15 Minuten garen. Abschrecken und das obere Viertel abschneiden. Mit einem Löffel aushöhlen und beiseitestellen. Das ausgeschabte Fleisch fein hacken. Den Meersalat waschen, gut ausdrücken und fein hacken. Die Sojaschnetzel abgießen und mit dem Rübenfleisch vermengen. Meersalat, Knoblauch sowie Fenchelsamen dazugeben und mit Tamari abschmecken. Mit Dinkelmilch zu einem Teig verrühren und die Rübchen damit füllen. Den Deckel daraufsetzen und die Rübchen in eine feuerfeste Auflaufform geben. Mit wenig Salzwasser aufgießen, sodass der Boden der Form bedeckt ist. Dann die gefüllten Rüben im Backofen bei 150 °C etwa 10 Minuten garen.

2 **Risotto** Einkorn über Nacht in der doppelten Menge Wasser quellen lassen. In ein Sieb abgießen und dort ein paar Tage lang keimen lassen. Morgens und abends abspülen, damit die Körner noch mehr Wasser aufnehmen. Das Getreide in einem flachen Topf in Olivenöl anbraten. Anschließend Wasser und Dinkelmilch vermengen, esslöffelweise zu dem Einkorn-Risotto geben und regelmäßig umrühren. Sobald die Flüssigkeit aufgesogen ist, neue hinzugeben. Auf diese Weise gut 15 Minuten köcheln lassen, bis das Getreide weich ist. Erst zum Schluss mit etwas Salz abschmecken.

3 **Servieren** Auf jeden Teller ein Rübchen setzen, daneben 2 Esslöffel Einkorn-Risotto und mit frischen Estragonblättern garniert servieren.

## Hätten Sie's gewusst?

**Sojaschnetzel** wird aus dem entfetteten Mehl der Sojabohne hergestellt. Es enthält viel Eiweiß, wenig Fett und hat nicht allzu viel Eigengeschmack, daher muss es gewürzt werden.

**Tamari** ist eine reine Sojasauce. Sie ist salziger als Shoyu, das aus Soja und Weizen gewonnen wird.

Die Grünalge ***Ulva lactuca*** oder „Meersalat" ist besonders vitamin- und mineralstoffreich.

# MISOSUPPE MIT PARDAILHANRÜBEN,

## Tofu, Morcheln und Reiswaffeln mit Kombu-Algen-Confit

**Misosuppe**

*1 Stück Kombu-Alge, getrocknet (etwa 7 cm; siehe „Bezugsquellen", Seite 62)*
*10 getrocknete Morcheln*
*700 ml Wasser*
*1 Pardailhanrübe*
*200 g Tofu, natur*
*1 EL Hatcho-Miso (reines Sojamiso)*

**Kombu-Algen-Confit**

*½ cm frische Ingwerwurzel*
*das zuvor für die Suppe verwendete Kombu-Algen-Stück*
*1 EL Öl von geröstetem Sesam*
*2 EL Shoyu (Sojasauce mit Weizen)*
*1 kleine Knoblauchzehe, fein gehackt*

**Zum Anrichten**

*1 Frühlingszwiebel*
*2 Reiswaffeln mit Sesam*

1 **Suppe** Am Vorabend Algen und Morcheln in Wasser einweichen. Am Tag der Zubereitung beides zum Kochen bringen und einige Zeit köcheln lassen. Dann Algen und Morcheln herausnehmen und beiseitestellen. Den Sud in einen flachen Topf gießen. Die Pardailhanrübe schälen, in grobe Stifte schneiden und zu dem Sud geben. Die Morcheln halbieren und ebenfalls hinzufügen. Etwa 10 Minuten köcheln lassen. Anschließend den in Würfel geschnittenen Tofu dazugeben. Weitere 5 Minuten köcheln lassen. Dann das mit wenig Wasser verrührte Miso hineingeben und vom Feuer nehmen.

2 **Confit** Den Ingwer schälen und klein schneiden. Die Alge in feine Streifen schneiden. Mit Sesamöl und Ingwer in einem flachen Topf etwa 3 Minuten lang anbraten. Mit Shoyu und 2 Esslöffeln Sud aufgießen. Bei halb geschlossenem Deckel etwa 10 Minuten köcheln lassen, bis die Flüssigkeit verdampft ist. Gegen Ende der Garzeit den fein gehackten Knoblauch einrühren.

3 **Servieren** Die Suppe in Schälchen servieren und mit in feine Ringe geschnittener Frühlingszwiebel bestreuen. Das Kombu-Algen-Confit auf die Reiswaffel streichen und diese extra dazu reichen.

## Hätten Sie's gewusst?

**Kombu-Algen** setzen gekocht natürliches Glutamat (Salz der Glutaminsäure) frei, das unsere Geschmacksknospen stimuliert. In natürlicher Form hat Glutamat nicht die negativen Eigenschaften, die künstlich hergestelltes Glutamat aufweist, welches von der Nahrungsmittelindustrie häufig als Geschmacksverstärker eingesetzt wird, um ihre faden Produkte aufzupeppen.

# MAIRÜBCHEN IM ZITRONENSALZTEIG

## mit Rübenkraut-Mayonnaise

**Mairübchen im Salzteig**
*400 g Mehl*
*200 g Salz*
*je 1 Zweiglein frischer Rosmarin und Thymian*
*150 ml Wasser*
*2 Eiweiß (von Bio-Eiern)*
*10 Tropfen Zitronenöl*
*4 schöne Speiserüben (Mairübchen)*

**Rübenkraut-Mayonnaise**
*Kraut von 2 Mairübchen*
*2 Eigelb (von Bio-Eiern)*
*2 TL süßer Senf*
*100 ml Rapsöl*
*50 ml mildes Olivenöl*
*1 TL Balsamico*
*abgeriebene Schale von ½ Bio-Zitrone*

1 **Mairübchen** In der Küchenmaschine Mehl mit Salz und Kräutern vermengen. Mit Wasser, Eiweiß und Zitronenöl zu einem Teig verarbeiten. Diesen ½ Zentimeter dick ausrollen. Die Rübchen waschen, trocken tupfen und jedes mit Teig umhüllen. Oben ein kleines Loch in den Teigmantel schneiden, damit der Dampf entweichen kann. Im vorgeheizten Backofen bei 200 °C etwa 25 Minuten backen, vor dem Servieren 15 Minuten abkühlen lassen.

2 **Mayonnaise** Das Rübenkraut waschen, trocken tupfen und von harten Stielen befreien. Die Blätter in feine Streifen schneiden. Eigelb und Senf in einer Schüssel mit einem Schneebesen gut durchrühren, dann die Öle in einem feinen Faden einlaufen lassen. Sobald die Mayonnaise fest wird, Balsamico, Zitronenschale und Rübenkraut unterziehen. Dabei mit dem Schneebesen jeweils vorsichtig von oben nach unten arbeiten.

3 **Servieren** Auf jeden Teller ein Rübchen setzen. Von dem Teigmantel ein Hütchen abschneiden und dieses schräg wieder aufsetzen. Die Mayonnaise in einem Schälchen separat dazu reichen. Der Gast hebt das Rübchen aus seiner Schale und kann es selbst nach Belieben würzen.

*Bitte beachten Sie:* Der Salzteig dient als „Gefäß" für das Mairübchen. Bitte nicht verzehren!

### Für Ihre Gesundheit!

Täglich etwas Rapsöl zusammen mit Olivenöl zu verzehren liefert dem Körper eine gute Mischung aus Omega-3- und Omega-6-Fettsäuren. Ich empfehle Ihnen eine 1:2-Mischung, die auch geschmacklich überzeugt, in folgenden Mengen: Frauen nehmen davon pro Tag 2 bis 3 Esslöffel zu sich und Männer 3 bis 4 Esslöffel.

# LITERATUR-EMPFEHLUNGEN


Black, Keda, und Ida Akiko: *Gemüsesorten – neu gekocht. Topinambur, Petersilienwurzeln, Steckrüben, Haferwurzeln, Spaghettikürbis, Rote Bete, Schwarzwurzel, Patisson, Kohlrabi & Co.* AT Verlag, Aarau/Schweiz 2011

Hasskerl, Heide: *Alte Gemüsearten neu entdeckt. Schätze aus dem Bauerngarten.* Leopold Stocker Verlag, Graz/Österreich 2013

Klaphake, Ute, und Ursula Reinhard: *Gemüseschätze. Selbst anbauen & genießen. Alte Gemüsesorten neu entdeckt.* Franckh Kosmos Verlag, Stuttgart 2015

Paccalet, Yves, und Kathleen Paccalet: *Vergessene Klassiker. Köstliche Rezepte mit alten Gemüsesorten.* Gerstenberg Verlag, Hildesheim 2014

Ruhl, Thomas: *Gemüse aus dem Bauerngarten. Vergessene und besondere Sorten – Grundrezepte – Gerichte von Starköchen.* Fackelträger Verlag, Köln 2014

Serena, Marianna, und Michael Suanjak: *Das Lexikon der alten Gemüsesorten. 800 Sorten – Geschichte, Merkmale, Anbau und Verwendung in der Küche.* AT Verlag, Aarau/Schweiz 2014

Steinberger, Bärbel, und Katrin Schumann-Turowski: *Alte Gemüse – neuer Geschmack! Sorten, Geschichte, Rezepte.* BLV Buchverlag, München 2012

von der Winden, Usch: *Rüben und Beten. Die besten Rezepte.* Fackelträger Verlag, Köln 2015


# BEZUGSQUELLEN

## Alte Wurzelgemüsearten kaufen

Bauern- und Wochenmärkte sowie Naturkostläden und Bio-Supermärkte führen je nach Saison oft auch alte Wurzelgemüsesorten aus regionaler Herstellung. Ebenso lohnenswert kann aber der Besuch eines Bauernladens sein. Alternativ empfehle ich Ihnen, wiederentdeckte Wurzelgemüseraritäten mit naturreinem Saatgut selbst im Garten zu ziehen.

Naturreines Saatgut alter Wurzelgemüsearten aus nachhaltiger sowie ökologisch kontrollierter Pflanzenzüchtung erhalten Sie im Internet beispielsweise bei:

- *www.bingenheimersaatgut.de*
- *www.biogartenversand.de*
- *www.bio-saatgut.de*
- *www.bund-lemgo.de/bio-saatgut.html*
- *www.dreschflegel-shop.de*
- *www.garten-des-lebens.de*
- *www.magicgardenseeds.de*

## Algen können Sie im Bioladen einkaufen oder über folgende Internetadressen bestellen:

- Aonori-Flocken: *www.japan-lebensmittel.de*
- Dulse, frisch: *www.veggiesdelight.de*
- Kombu, getrocknet: *www.pureraw.de, www.eichenhain.com*
- Meersalat, frisch: *www.veggiesdelight.de*
- Meeresspaghetti, frisch: *www.veggiesdelight.de*
- Nori-Flocken: *www.arche-naturkueche.de*

## Wissenswertes rund um alte Wurzelgemüsesorten

- *www.inka-ev.de*: Bietet Tipps und Rezepte zum Gärtnern mit alten Gemüsearten und Kräutern sowie zahlreiche Adressen zum Bezug von alten Nutzpflanzen (Gemüse, Getreide oder Färbepflanzen).
- *www.prospecierara.de*: Website der gemeinnützigen Gesellschaft für die kulturhistorische und genetische Vielfalt von Pflanzen und Tieren in Deutschland ProSpecieRara; mit Sortenfinder, Bezugsquellen für Saatgut, Zubereitungstipps, Rezepten, Magazin, Veranstaltungshinweisen und eigenem Gütesiegel.
- Rinklin (Naturkost-Großhändler in Eichstetten am Kaiserstuhl): Setzt sich mit der Initiative „proNat-Projekt Rinklin Naturkost" im Rahmen der nachhaltigen Pflanzenzüchtung für die Erhaltung der Saatgutvielfalt ein. In Kooperation mit ProSpecieRara werden traditionelle Gemüsesorten regional produziert und vermarktet.

# DANK

Mein Dank gebührt zuallererst Joël Thiébault, der mir stets mit Rat und Tat sowie seinem reichen Erfahrungsschatz zur Seite stand. Er entstammt einer langen Linie von Gemüsegärtnern, die schon seit dem Mittelalter in Carrières-sur-Seine angesiedelt sind, und hat sich die Leidenschaft für die Erde und ihre Früchte erhalten. Zu unserem Glück führt er die Tradition seiner Vorfahren in der Landwirtschaft fort. Doch seine Liebe gilt nicht nur dem Anbau von Gemüse, sondern auch seiner schmackhaften Zubereitung. Auf Wochenmärkten übertrifft Joëls Stand stets alle anderen, denn er entdeckt jede Saison Sorten, die aufgrund der erschreckenden Tendenz zur globalen Gleichförmigkeit meist vernachlässigt werden. Aus diesem Grund findet man an Joëls Stand selbst dann noch knackiges Wurzelgemüse, wenn alle anderen im Winter bereits sehnsüchtig auf den Frühling warten. Seine Rübchen und Knollen locken so manchen Marktbesucher an und sichern ihm die Anerkennung zahlreicher Küchenchefs, die angesichts so vieler traditioneller Gemüsesorten wahrlich die Qual der Wahl haben.

Ein herzliches Dankeschön geht auch an Alain Cohen von Vergers Saint-Eustache, einem Gemüsehändler der Extraklasse, der stets auf der Suche nach der optimalen Qualität ist. Er hat mir geholfen, all die Gemüsesorten für *Wurzelgemüse – Klassisch und beliebt* auszuwählen und ihre Zubereitung zu meistern.

# DIE AUTORIN

Laurence Salomon ist Heilpraktikerin und Bio-Köchin aus Leidenschaft. Ihr Wissen um die wertvollen Inhaltsstoffe von Lebensmitteln hat sie zur Grundlage ihrer kulinarischen Mission gemacht: „Lecker, schön anzusehen, gesund & bekömmlich“, das ist ihre Devise, vollendeter Geschmack mit Naturbelassenem, das ist ihr Ziel. In ihrer Kochschule *Cuisine Originelle* geht es Laurence Salomon um die Rückkehr der Kreativität in die Bio-Küche.

Laurence Salomon ist begeisterte Fliegerin. Im Jahr 2004 kam ihr Sohn zur Welt, den sie als ihr „größtes Abenteuer“ bezeichnet.

Titel der Originalausgabe: *Racines – Du raifort au navet du Pardailhan*, erschienen bei *Editions La Plage*, Paris
Translation Rights arranged with *Editions La Plage*, Paris

© Hans-Nietsch-Verlag 2017
Alle Rechte vorbehalten. Nachdruck, auch auszugsweise, nur mit ausdrücklicher Genehmigung des Verlages gestattet.

Lektorat: Ute Orth, Martina Klose
Korrektorat: Petra Westermann
Fotos und Food Design: Myriam Gauthier-Moreau
Umschlaggestaltung: Guter Punkt, München
Innenlayout und Satz: Kurt Liebig
Druck: Dimograf Sp z o.o., Bielsko-Biała/Polen

Hans-Nietsch-Verlag
Schauinslandstr. 136 h · 79100 Freiburg
www.nietsch.de · info@nietsch.de

ISBN 978-3-86264-403-2

Erscheint am 13. März 2016

www.nietsch.de